Diseño y maquetación: Susana Escarabajal Magaña
Diseñadora de Dreaming Graphics

Blog: dreamingraphics.blogspot.com
Facebook: DisenoGraphic
Instagram: sygfrid1981
Twitter: FAGraphics
E-mail: fancyartsdesigns@gmail.com

Esta agenda pertenece a:

_____

En caso de perdida ponte en contacto en:

Teléfono:

_____

Correo:

_____

Graphics designs

Nunca caigas
en la mediocridad
lucha por tus sueños
con energías positivas
lo lograras

Graphics designs

Graphics designs

2015

January
Sun	Mon	Tue	Wed	Thu	Fri	Sat
				1	2	3
4	5	6	7	8	9	10
11	12	13	14	15	16	17
18	19	20	21	22	23	24
25	26	27	28	29	30	31

February
Sun	Mon	Tue	Wed	Thu	Fri	Sat
1	2	3	4	5	6	7
8	9	10	11	12	13	14
15	16	17	18	19	20	21
22	23	24	25	26	27	28

March
Sun	Mon	Tue	Wed	Thu	Fri	Sat
1	2	3	4	5	6	7
8	9	10	11	12	13	14
15	16	17	18	19	20	21
22	23	24	25	26	27	28
29	30	31				

April
Sun	Mon	Tue	Wed	Thu	Fri	Sat
			1	2	3	4
5	6	7	8	9	10	11
12	13	14	15	16	17	18
19	20	21	22	23	24	25
26	27	28	29	30		

May
Sun	Mon	Tue	Wed	Thu	Fri	Sat
					1	2
3	4	5	6	7	8	9
10	11	12	13	14	15	16
17	18	19	20	21	22	23
24	25	26	27	28	29	30
31						

June
Sun	Mon	Tue	Wed	Thu	Fri	Sat
	1	2	3	4	5	6
7	8	9	10	11	12	13
14	15	16	17	18	19	20
21	22	23	24	25	26	27
28	29	30				

July
Sun	Mon	Tue	Wed	Thu	Fri	Sat
			1	2	3	4
5	6	7	8	9	10	11
12	13	14	15	16	17	18
19	20	21	22	23	24	25
26	27	28	29	30	31	

August
Sun	Mon	Tue	Wed	Thu	Fri	Sat
						1
2	3	4	5	6	7	8
9	10	11	12	13	14	15
16	17	18	19	20	21	22
23	24	25	26	27	28	29
30	31					

September
Sun	Mon	Tue	Wed	Thu	Fri	Sat
		1	2	3	4	5
6	7	8	9	10	11	12
13	14	15	16	17	18	19
20	21	22	23	24	25	26
27	28	29	30			

October
Sun	Mon	Tue	Wed	Thu	Fri	Sat
				1	2	3
4	5	6	7	8	9	10
11	12	13	14	15	16	17
18	19	20	21	22	23	24
25	26	27	28	29	30	31

November
Sun	Mon	Tue	Wed	Thu	Fri	Sat
1	2	3	4	5	6	7
8	9	10	11	12	13	14
15	16	17	18	19	20	21
22	23	24	25	26	27	28
29	30					

December
Sun	Mon	Tue	Wed	Thu	Fri	Sat
		1	2	3	4	5
6	7	8	9	10	11	12
13	14	15	16	17	18	19
20	21	22	23	24	25	26
27	28	29	30	31		

Graphics designs

Horarios

lunes	martes	miercoles

Graphics designs

Horarios

jueves	viernes	sábado
		domingo

Graphics designs

Para ser feliz
debes aprender a
ignorar muchas cosas
y quererte a ti primero

Noviembre 2015

Noviembre 2015

Noviembre 2015

Noviembre 2015

Noviembre 2015

El recuerdo, como una vela,
brilla mas en Navidad
Charles Dickens

Diciembre 2015

Diciembre 2015

Diciembre 2015

Diciembre 2015

Diciembre 2015

Feliz año nuevo

*El Fracaso consiste
en no persistir,
en Desanimarse
después de un error,
en No Levantarse
después de Caer.*

Thomas Edison

2016

January
Sun	Mon	Tue	Wed	Thu	Fri	Sat
					1	2
3	4	5	6	7	8	9
10	11	12	13	14	15	16
17	18	19	20	21	22	23
24	25	26	27	28	29	30
31						

February
Sun	Mon	Tue	Wed	Thu	Fri	Sat
	1	2	3	4	5	6
7	8	9	10	11	12	13
14	15	16	17	18	19	20
21	22	23	24	25	26	27
28	29					

March
Sun	Mon	Tue	Wed	Thu	Fri	Sat
		1	2	3	4	5
6	7	8	9	10	11	12
13	14	15	16	17	18	19
20	21	22	23	24	25	26
27	28	29	30	31		

April
Sun	Mon	Tue	Wed	Thu	Fri	Sat
					1	2
3	4	5	6	7	8	9
10	11	12	13	14	15	16
17	18	19	20	21	22	23
24	25	26	27	28	29	30

May
Sun	Mon	Tue	Wed	Thu	Fri	Sat
1	2	3	4	5	6	7
8	9	10	11	12	13	14
15	16	17	18	19	20	21
22	23	24	25	26	27	28
29	30	31				

June
Sun	Mon	Tue	Wed	Thu	Fri	Sat
			1	2	3	4
5	6	7	8	9	10	11
12	13	14	15	16	17	18
19	20	21	22	23	24	25
26	27	28	29	30		

July
Sun	Mon	Tue	Wed	Thu	Fri	Sat
					1	2
3	4	5	6	7	8	9
10	11	12	13	14	15	16
17	18	19	20	21	22	23
24	25	26	27	28	29	30
31						

August
Sun	Mon	Tue	Wed	Thu	Fri	Sat
	1	2	3	4	5	6
7	8	9	10	11	12	13
14	15	16	17	18	19	20
21	22	23	24	25	26	27
28	29	30	31			

September
Sun	Mon	Tue	Wed	Thu	Fri	Sat
				1	2	3
4	5	6	7	8	9	10
11	12	13	14	15	16	17
18	19	20	21	22	23	24
25	26	27	28	29	30	

October
Sun	Mon	Tue	Wed	Thu	Fri	Sat
						1
2	3	4	5	6	7	8
9	10	11	12	13	14	15
16	17	18	19	20	21	22
23	24	25	26	27	28	29
30	31					

November
Sun	Mon	Tue	Wed	Thu	Fri	Sat
		1	2	3	4	5
6	7	8	9	10	11	12
13	14	15	16	17	18	19
20	21	22	23	24	25	26
27	28	29	30			

December
Sun	Mon	Tue	Wed	Thu	Fri	Sat
				1	2	3
4	5	6	7	8	9	10
11	12	13	14	15	16	17
18	19	20	21	22	23	24
25	26	27	28	29	30	31

Graphics designs

Horarios

lunes	martes	miercoles

Graphics designs

Horarios

jueves	viernes	sábado
		domingo

Graphics designs

Enero 2016

Enero 2016

Enero 2016

Graphics designs

Enero 2016

Enero 2016

= FELIZ =

San Valetin

♥

love a lot for you

Febrero 2016

MON AMOUR

Febrero 2016

Febrero 2016

Febrero 2016

With Love

Graphics designs

Febrero 2016

Be Mine

La clave de tu futuro
está escondida en tu
vida diaria.

Pierre Bonnard

Marzo 2016

Marzo 2016

Marzo 2016

Marzo 2016

Marzo 2016

Abril 2016

Abril 2016

Abril 2016

Abril 2016

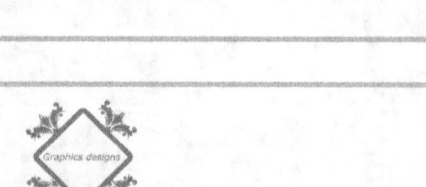

Abril 2016

Nunca una Noche
ha vencido al Amanecer,
y nunca un
Problema ha vencido
a la Esperanza.

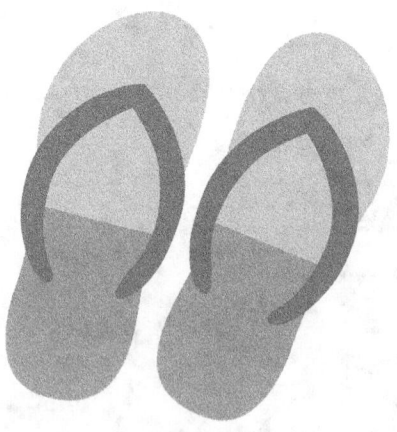

Mayo 2016

Mayo 2016

Mayo 2016

Mayo 2016

Mayo 2016

Junio 2016

Junio 2016

Junio 2016

Junio 2016

Junio 2016

Todo lo que siempre has querido está al otro lado del miedo

George Addair

Julio 2016

Julio 2016

Julio 2016

Julio 2016

Julio 2016

Agosto 2016

Agosto 2016

Agosto 2016

Agosto 2016

Agosto 2016

Septiembre 2016

Septiembre 2016

Septiembre 2016

Septiembre 2016

Septiembre 2016

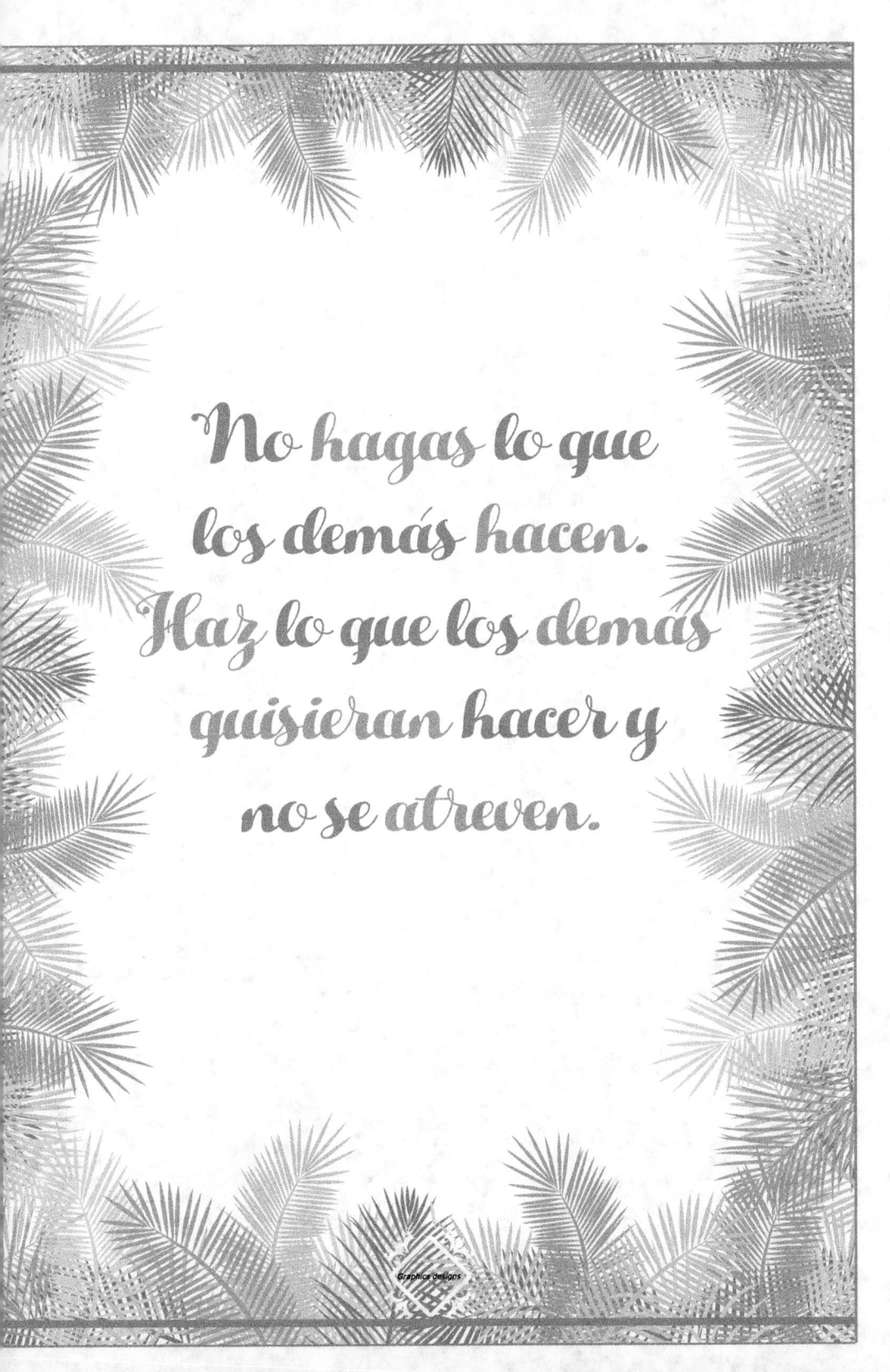

No hagas lo que
los demás hacen.
Haz lo que los demás
quisieran hacer y
no se atreven.

Octubre 2016

Octubre 2016

Octubre 2016

Octubre 2016

Octubre 2016

Noviembre 2016

Noviembre 2016

Noviembre 2016

Noviembre 2016

Noviembre 2016

La Navidad es la armonía y
la armonía comienza con
una sonrisa.
Que puedas sonreír
todos los días de tu vida

Diciembre 2016

Y no te olvides de comprar la siguiente agenda 2017 en Dreaming Graphics

Diciembre 2016

Diciembre 2016

Diciembre 2016

Diciembre 2016

¡ Feliz año nuevo !

Extra de la agenda

- Notas

- Hojas para contraseñas

- Proyectos

- Ideas

- Propósitos

- Propositos acabados (logros)

- Blogs y youtubers que te gustan

- Hojas para reseñas

- Hojas de deseos

- Tus blogs y redes sociales

- Sitios donde quieres viajar y donde ya estuviste

- Eventos

- Contactos

Notas

Notas

Notas

Notas

Notas

Notas

Notas

Notas

Notas

Notas

Notas

Apunta aqui
todos tus proyectos
Por muy locos
que te parezcan.

Proyectos

Proyectos

Proyectos

Proyectos

Proyectos

Proyectos

Proyectos

Proyectos

Proyectos

Ideas

Ideas

Ideas

Ideas

Ideas

Ideas

Ideas

Apunta aqui todas tus

propositos

Propositos

Propositos

Propósitos

Propositos

Lista de deseos

Lista de deseos

Eventos

Eventos

Eventos

Eventos

Eventos

Viajes

Viajes

Viajes

Viajes

Tus blogs
y redes sociales
incluido contraseñas

Blogs y redes sociales

Blogs y redes sociales

Blogs, youtubers, etc, que te gustan

Blogs, youtubers, etc que molan

Blogs, youtubers, etc que molan

Hojas para

contactos

Contactos

Contactos

Contactos

Hojas para

contraseñas

Contraseñas

Contraseñas

Fichas para

reseñas

sean escritas,

videos o para ti

En **dreamingraphics.blogspot.com**
podéis descargar más
fichas (precio 0.10 euros)
para imprimir cuantas
necesites

Ficha reseñas

Ficha del libro

Título

Autor/a

Editorial   **Páginas**

isbn   **Precio**

Opinión y valoración

idea central

_____

_____

_____

_____

_____

_____

_____

_____

_____

personajes	ideas secundarias	puntuación
		☆ ☆ ☆
		☆ ☆ ☆
		☆ ☆ ☆
		☆ ☆ ☆

FUJIYAMA

Ficha reseñas

Ficha del libro

Título

Autor/a

Editorial   **Páginas**

isbn   **Precio**

Opinión y valoración

idea central

personajes	ideas secundarias	puntuación

☆☆☆
☆☆☆
☆☆☆
☆☆☆

Ficha reseñas

Ficha del libro

Título _____

Autor/a _____

Editorial _____ **Páginas** _____

isbn _____ **Precio** _____

Opinión y valoración

idea central _____

_____

_____

_____

_____

_____

_____

_____

_____

_____

personajes	ideas secundarias	puntuación

Ficha reseñas

Ficha del libro

Título _____

Autor/a _____

Editorial _____ Páginas _____

isbn _____ Precio _____

Opinión y valoración

idea central _____

_____

_____

_____

_____

_____

_____

_____

_____

_____

_____

_____

personajes	ideas secundarias	puntuación
_____	_____	⭐⭐⭐
_____	_____	⭐⭐⭐
_____	_____	⭐⭐⭐
_____	_____	⭐⭐⭐
_____	_____	

Graphics designs

FUJIYAMA

Ficha reseñas

Ficha del libro

Título

Autor/a

Editorial   **Páginas**

isbn   **Precio**

Opinión y valoración

idea central

---

personajes	ideas secundarias	puntuación
		☆☆☆
		☆☆☆
		☆☆☆
		☆☆☆

Graphics designs

FUJIYAMA

Ficha reseñas

Ficha del libro

Título

Autor/a

Editorial   **Páginas**

isbn   **Precio**

Opinión y valoración

idea central

personajes	ideas secundarias	puntuación

Graphics designs

FUJIYAMA

Hoja para
apuntar tus
logros

Mis logros

Mis logros

Mis logros

Mis logros

Feliz año
2017

Y no te olvides de
entrar en
dreamingraphics.blogspot.com
y adquirir la
nueva agenda 2017
y compartir tu experiencia
con esta que has comprado
con el hanstag #agenda I5FA

2017

January
Sun	Mon	Tue	Wed	Thu	Fri	Sat
1	2	3	4	5	6	7
8	9	10	11	12	13	14
15	16	17	18	19	20	21
22	23	24	25	26	27	28
29	30	31				

February
Sun	Mon	Tue	Wed	Thu	Fri	Sat
			1	2	3	4
5	6	7	8	9	10	11
12	13	14	15	16	17	18
19	20	21	22	23	24	25
26	27	28				

March
Sun	Mon	Tue	Wed	Thu	Fri	Sat
			1	2	3	4
5	6	7	8	9	10	11
12	13	14	15	16	17	18
19	20	21	22	23	24	25
26	27	28	29	30	31	

April
Sun	Mon	Tue	Wed	Thu	Fri	Sat
						1
2	3	4	5	6	7	8
9	10	11	12	13	14	15
16	17	18	19	20	21	22
23	24	25	26	27	28	29
30						

May
Sun	Mon	Tue	Wed	Thu	Fri	Sat
	1	2	3	4	5	6
7	8	9	10	11	12	13
14	15	16	17	18	19	20
21	22	23	24	25	26	27
28	29	30	31			

June
Sun	Mon	Tue	Wed	Thu	Fri	Sat
				1	2	3
4	5	6	7	8	9	10
11	12	13	14	15	16	17
18	19	20	21	22	23	24
25	26	27	28	29	30	

July
Sun	Mon	Tue	Wed	Thu	Fri	Sat
						1
2	3	4	5	6	7	8
9	10	11	12	13	14	15
16	17	18	19	20	21	22
23	24	25	26	27	28	29
30	31					

August
Sun	Mon	Tue	Wed	Thu	Fri	Sat
		1	2	3	4	5
6	7	8	9	10	11	12
13	14	15	16	17	18	19
20	21	22	23	24	25	26
27	28	29	30	31		

September
Sun	Mon	Tue	Wed	Thu	Fri	Sat
					1	2
3	4	5	6	7	8	9
10	11	12	13	14	15	16
17	18	19	20	21	22	23
24	25	26	27	28	29	30

October
Sun	Mon	Tue	Wed	Thu	Fri	Sat
1	2	3	4	5	6	7
8	9	10	11	12	13	14
15	16	17	18	19	20	21
22	23	24	25	26	27	28
29	30	31				

November
Sun	Mon	Tue	Wed	Thu	Fri	Sat
			1	2	3	4
5	6	7	8	9	10	11
12	13	14	15	16	17	18
19	20	21	22	23	24	25
26	27	28	29	30		

December
Sun	Mon	Tue	Wed	Thu	Fri	Sat
					1	2
3	4	5	6	7	8	9
10	11	12	13	14	15	16
17	18	19	20	21	22	23
24	25	26	27	28	29	30
31						

www.ingramcontent.com/pod-product-compliance
Lightning Source LLC
Chambersburg PA
CBHW062004280526
45787CB00005B/1986